AF596484

DISCOURS

PRONONCÉ

PAR UN DE MM. LES CURÉS

DE LA VILLE DE LYON,

Le Dimanche 4 Décembre 1768.

A l'occasion de l'émeute populaire, arrivée dans cette Ville, le Dimanche précédent.

A LYON,

De l'Imprimerie D'AIMÉ DE LA ROCHE, Imprimeur du Clergé, aux Halles de la Grenette.

M. DCC. LXVIII.

AVEC PERMISSION.

AVERTISSEMENT.

MONSEIGNEUR l'Archevêque de Lyon ayant assemblé MM. les Curés de cette Ville, pour leur recommander de combattre dans leurs Prônes les préjugés qui ont occasionné l'émeute populaire du 27 Novembre dernier, ces Pasteurs sont entrés avec zele dans les vues pleines de charité & de sagesse de cet illustre Prélat. Voici le Discours que l'un d'entr'eux a prononcé dans cette occasion.

L'Auteur étoit bien éloigné de penser à le faire imprimer; mais des personnes dont les avis sont pour lui des ordres, ayant jugé que la publication en pouvoit être de quelque utilité, il a mieux aimé céder à l'autorité respectable qui lui ordonnoit de le laisser paroître, que d'écouter la voix de l'amour-propre qui sembloit le lui défendre.

Si cet Ouvrage a été fait avec trop de précipitation pour pouvoir soutenir les regards critiques des Lecteurs, il servira au moins à prouver le zele de l'Auteur pour le repos & la tranquillité des Citoyens.

DISCOURS

PRONONCÉ

PAR UN DE MM. LES CURÉS

DE LA VILLE DE LYON,

Le Dimanche 4 Décembre 1768,

A l'occaſion de l'émeute populaire, arrivée dans cette Ville, le Dimanche précédent.

JE me propoſois, MES FRERES, de vous entretenir aujourd'hui du grand objet dont l'Egliſe eſt occupée pendant ce ſaint temps de l'Avent, c'eſt-à-dire, de l'attente du *MESSIE*, promis à l'Univers dès les premiers jours de la création, annoncé par tant de Prophetes, figuré par tant d'événements & de cérémonies myſtérieuſes, deſiré avec tant d'ardeur par le genre-humain, qui ſans lui ne pouvoit ni ſortir des ténebres épaiſſes dans leſquelles il étoit plongé, ni réſiſter au penchant malheureux qui l'entraînoit vers le mal, ni obtenir la rémiſſion de ſes péchés, ni échapper aux ſupplices qu'il avoit mérités par ſes crimes. Rien n'eſt plus utile, rien n'eſt même plus néceſſaire à la piété, que de nous rappeller ſouvent le beſoin extrême que nous avons de Jesus-Christ, & de renouveller au fond de nos cœurs les vœux & les ſoupirs par leſquels les Saints & les Juſtes des premiers temps ſe ſont efforcés de hâter ſon avénement; puiſqu'il n'eſt pas moins néceſſaire à chacun de nous, qu'il l'étoit alors à la nature entiere, & qu'en vain il auroit accompli le myſtere de notre rédemption, s'il ne venoit dans nos cœurs par ſa grace, pour nous appliquer ſpécialement les précieux effets de ſa naiſſance, de ſes travaux, de ſes ſouffrances.

Avec quel regret me vois-je

donc détourné d'une instruction si salutaire par la triste nécessité où je suis de déplorer avec vous les malheurs de cette ville, & le désastre affreux qui vient d'y arriver ! Je me garderois bien, mes Freres, de rouvrir cette plaie, si elle n'étoit toute récente, & si elle ne saignoit, pour ainsi dire, encore. Mais comment pourrois-je dissimuler ce qui fait la matiere de l'entretien & des gémissements du Public ? Hélas, il n'est pas temps encore d'oublier les excès auxquels vient de se porter une partie de vos malheureux Concitoyens ! Nous ignorons les suites qu'aura leur crime, & les châtiments qu'il attirera sur eux. Un sombre nuage s'est formé sur nos têtes; nous le voyons approcher ; nous savons qu'il porte la foudre : avant que de nous livrer à la sécurité, il faut voir s'il pourra être entiérement conjuré par les hommes sages & bienfaisants qui veillent à notre salut.

Je ſais, mes Freres, & j'en rends graces à Dieu de tout mon cœur; je ſais que les habitants de cette Paroiſſe ne ſont point compris dans ce malheur; qu'aucun d'eux n'a trempé dans cette déteſtable émotion qui cauſe aujourd'hui tant d'alarmes, & qu'ils n'ont rien à craindre pour eux-mêmes de la ſévérité de la Juſtice qui doit la punir. Mais, s'enſuit-il que vous deviez être inſenſibles à ce déplorable événement? Non ſans doute; car, dit l'Apôtre, lorſqu'un des membres de notre corps eſt dans l'affliction & la ſouffrance, tous les autres ſouffrent avec lui. Il ſuffit donc, pour nous intéreſſer à ce malheur, que les coupables ſoient avec nous citoyens de la même ville, membres du même corps politique, &, pour dire quelque choſe de plus fort encore, qu'ils nous ſoient unis par les liens ſacrés de la nature & de la Religion.

Gémiſſons donc, mes Freres,

& ſur ce qui eſt déjà arrivé, & ſur ce qu'il y a peut-être lieu de craindre. Déplorons le triſte ſort de ceux qu'un funeſte préjugé, une erreur abſurde a précipités dans le crime, ſoit que par une mort terrible aux yeux de la Foi, ils aient porté ſur le champ la peine de leur témérité & de leur fureur; ſoit que des bleſſures dangereuſes les préparent à une mort plus lente; ſoit que chargés de fers & dans les ténebres de la priſon, ils attendent la punition ignominieuſe que la juſtice du Souverain eſt en droit de leur infliger. Et que ceux-mêmes que la Providence a préſervés de prendre part à ce crime apprennent par cet exemple combien il eſt dangereux de ſe livrer aux ſoupçons, aux murmures, aux jugements téméraires contre les Puiſſances, & contre ceux qui ont quelque part à l'adminiſtration publique. Je me crois d'autant plus obligé, mes Freres, d'inſiſter ſur ce point, que je ſais que pluſieurs d'entre vous ont été imbus des mêmes préjugés qui ont occaſionné ce déſaſtre.

Ce qu'il y a de plus affligeant pour tous ceux qui ſont chargés du ſoin pénible de gouverner les hommes, c'eſt que leurs ſoins & leur vigilance ne faſſent ordinairement que des ingrats, & qu'une partie du peuple ſoit toujours diſpoſée à interpréter de la maniere la plus ſiniſtre, ce que l'on entreprend pour ſa ſûreté & ſa conſervation.

Deux choſes également ſalutaires en elles-mêmes ont été cauſe des calomnies que des eſprits mal-intentionnés ont répandues, & des excès qu'elles ont enſuite occaſionnés. La premiere, c'eſt la réſolution priſe par le Souverain & par ſes Miniſtres de réprimer la mendicité, & de s'aſſurer d'une infinité de vagabonds qui rempliſſoient les villes & les campagnes, infeſtoient les chemins, & alarmoient également les voyageurs , les laboureurs , les citoyens. Eſt-il rien, mes Freres , de plus conforme aux regles d'une bonne Police qu'une telle réſolution ? Eſt-il rien de plus honteux , de plus dangereux même pour l'Etat & pour les particuliers , que de voir errer de tous côtés des troupes d'hommes & de femmes , ſans mœurs, ſans loix , ſans religion , qui préferent cette vie vagabonde au travail qui pourroit ſuffire à leur ſubſiſtance ; & qui, s'ils ne réuſſiſſent pas à exciter notre pitié par l'étalage d'une miſere ſouvent exagérée, ſont toujours diſpoſés à nous arracher par la violence, les ſecours que nous oſerions leur refuſer ? Combien de vols , de meurtres , d'incendies n'ont eu dans les différentes Provinces du Royaume d'autres auteurs que des brigands de cette eſpece ? Il n'eſt donc perſonne qui ne doive applaudir à la réformation de cet abus.

Rien n'eſt plus juſte, ſans doute, que de ſoulager la miſere des pauvres ; & l'Ecriture même nous apprend que nous devons conſidérer JESUS CHRIST dans la perſonne de ce mendiant qui tend vers nous une main ſuppliante, & ſollicite notre charité. Mais quels ſont les Pauvres qui méritent ſur-tout d'être aſſiſtés? Ce ſont ceux dont la pauvreté eſt abſolument involontaire, qui ont été réduits à cet état par une diſpoſition ſecrete de la Providence, & par des révolutions imprévues ; & non pas ceux qui n'y ſont tombés que par leur indolence ou leur mauvaiſe conduite : ce ſont ceux que les infirmités ou la vieilleſſe empêchent de travailler, & non pas ceux qui ont embraſſé par goût cet état de fainéantiſe & d'oiſiveté : ce ſont enfin ceux qui, dans leur pauvreté même, ſe ſouviennent qu'ils ſont Chrétiens ; & non pas ceux qui, ſous prétexte de leur miſere, ſemblent avoir abjuré tout ſentiment de piété, de religion, d'honnêteté. Autant les premiers pauvres ſont reſpectables, autant les derniers méritent-ils d'être réprimés & punis ſévérement. Quel droit ces hommes à charge à la Religion & à la Patrie ont ils ſur des ſecours deſtinés à ſoulager des pauvres également chers à l'une & à l'autre ?

Mais que dis-je? Ah! mes Freres, n'excluons perſonne de notre charité. Les Pauvres qui par leur mauvaiſe conduite ſe rendent le plus indignes de nos bienfaits, ceſſent de nous le paroître, lorſque nous nous ſouvenons qu'ils ſont, comme nous, les enfants de ce Pere céleſte qui fait luire ſon ſoleil ſur les méchants comme ſur les bons, & accorde également aux uns & aux autres la pluie qui fertiliſe nos champs.

Notre auguſte Monarque, mes Freres, ne s'eſt point écarté de ces ſaintes maximes : Et ſa bonté n'éclate pas moins que ſa ſageſſe dans les ordres qu'il a donnés à l'égard des mendiants. En ôtant à ces vagabonds une liberté dangereuſe, il leur a aſſuré tout à la fois & la ſubſiſtance qu'ils mendioient avec honte, & les ſecours ſpirituels qu'ils avoient le malheur de ne pas même deſirer.

Tandis que le Gouvernement s'appliquoit à diminuer les inconvénients de la mendicité, ſa ſage prévoyance s'occupoit du ſoin de perfectionner cette ſcience ſi intéreſſante qui eſt notre unique reſſource dans les maladies qui nous affligent. Il s'élevoit une Ecole, où des Médecins, amis de la Patrie & de l'Humanité, s'exerçoient paiſiblement à étendre leurs connoiſſances, à découvrir la cauſe de nos maux, & à leur appliquer les remedes convenables. C'étoit là qu'animés d'un zele généreux & déſintéreſſé, ils donnoient & à leurs Eleves de ſavantes leçons, & aux plus pauvres même d'entre le peuple des conſeils ſalutaires. Qui croiroit, mes Freres, que la réunion de ces deux objets également utiles, eût pu occaſionner des préjugés auſſi injuſtes, & des calomnies auſſi horribles que celles qui ſe ſont répandues dans le public? Des hommes ſimples & crédules, ſéduits peut-être par des gens mal-intentionnés, ſe ſont imaginé que cette Ecole élevée pour le bien de l'humanité, ſervoit au contraire à ſa deſtruction; que ces Médecins, dont la probité, la douceur, la religion ſont ſi connues, ſe changeoient dans leurs Ecoles en des tigres inhumains; qu'ils prenoient un plaiſir cruel à tremper leurs mains dans le ſang de leurs ſemblables, & à chercher dans le fond de leurs entrailles palpitantes de déteſtables connoiſſances; que c'étoit ſur-tout ſur des enfants qu'ils exerçoient cette barbarie, ſans être ni attendris par leur innocence, ni ébranlés par leurs cris; enfin que le Gouvernement lui-même ſe prêtoit à ces horreurs, &

leur livroit pour ces ſanglantes expériences, ceux que l'on arrêtoit ſous le ſpécieux prétexte de la ſûreté publique.

Voilà, mes Freres, ce qui s'eſt dit dans le peuple; voilà ce qui a été cru, à la honte de la raiſon humaine, & ce qui a porté une multitude furieuſe à ravager par le fer & le feu les lieux qu'elle ſuppoſoit être le théatre de cette barbarie. Mais, encore une fois, comment de pareilles idées ont-elles pu être reçues dans aucun eſprit? Jamais, mes Freres, on n'a vu rien de ſemblable parmi les peuples les plus barbares; comment pourroit-on ſuppoſer que de telles horreurs ſe pratiquaſſent chez une Nation policée, dans une Ville telle que celle-ci, ſous les yeux de Magiſtrats qui ſe font gloire d'être les peres du peuple, ſous le Gouvernement du meilleur & du plus doux de tous les Rois? Non, graces à Dieu, mes Freres, une telle férocité eſt

inconnue

inconnue parmi nous. Il ne ſe fait rien dans les Ecoles de Chirurgie ou de Médecine qui ne ſoit connu de tout le monde, & dont vous ne puiſſiez vous-mêmes être témoins. Il n'y a dans ces Ecoles ni cavernes, ni lieux ſecrets & ſouterreins ; tout s'y fait publiquement & à découvert ; & quelqu'intéreſſant qu'il puiſſe être pour la perfection de ces ſciences de connoître la ſtructure du Corps humain, & la diſpoſition intérieure des parties dont il eſt composé, ceux qui en font profeſſion ne voudroient pas acheter cette connoiſſance d'une ſeule goutte de ſang humain. Mais s'ils étoient aſſez malheureux pour avoir de telles idées, croyez-vous que les Magiſtrats le ſouffriſſent ? Les Loix qui défendent & puniſſent le meurtre, ne ſont-elles pas pour eux comme pour les autres hommes ? Rougiſſez donc, mes Freres, d'avoir pu croire de telles extravagances.

Cependant c'eſt cette erreur abſurde qui a excité la fureur du peuple.

Ce que la groſſiéreté & l'ignorance avoient fait imaginer à quelques-uns, la malignité l'a fait recevoir des autres avec avidité. On a murmuré d'abord ſourdement, & enſuite plus haut. Ces ſoupçons inſenſés ont fermenté ſans doute dans les cabarets & les aſſemblées des buveurs ; & le réſultat de ces diſcours a été une émeute qui a jeté dans cette Ville la conſternation & l'effroi, & l'a miſe, pour ainſi dire, à deux doigts de ſa perte. En vain un Officier (*) auſſi ferme que prudent, les a-t-il convaincus par leurs propres yeux de la fauſſeté de leurs ſoupçons ; en vain a-t-il parcouru avec eux tous les détours de ces lieux, ſans qu'ils puſſent y appercevoir le moindre veſtige de cruauté ; la prévention l'a emporté ſur l'évidence, & les a pouſſés aux excès les plus criminels. Excès qui ont été ſi funeſtes à leurs auteurs, puiſque pluſieurs d'entre eux les ont payés de leur vie, &

(*) M. de la Verpilliere fils, Major de la Ville.

qui pouvoient le devenir à cette Ville toute entiere. Que n'avions-nous pas à craindre de cette multitude furieuſe, ſi elle n'eût pas été d'abord réprimée par la vigueur des Magiſtrats ; & ſi ces ſages dépoſitaires de la puiſſance du Prince n'euſſent fait, dans cette triſte occaſion, un uſage douloureux, mais malheureuſement trop néceſſaire, des armes qu'il remet entre leurs mains pour notre commune ſûreté ! Déjà, ſans autre motif que le plaiſir de ravager & de détruire, ces hommes forcenés avoient porté leurs mains barbares ſur un art deſtiné à donner un nouvel éclat à votre Commerce & à vos Manufactures. Déjà l'Aſyle d'une tendre & floriſſante jeuneſſe étoit environné de flammes menaçantes. Déjà cette Bibliotheque, riche & immenſe dépôt des connoiſſances humaines, alloit en être la proie. Déjà enfin l'Ecole de la Piété & des Lettres alloit ſubir le même ſort que celles du Deſſin & de la

Médecine. Leur fureur ſemblable aux flammes qu'ils employoient, alloit toujours croiſſant ; elle prenoit pour aliment tout ce qu'elle pouvoit rencontrer ; elle s'étendoit de proche en proche ; & où ſe ſeroit-elle arrêtée ?..... Ah ! elle ne nous laiſſoit entrevoir que l'affreuſe perſpective d'un pillage, d'un incendie, d'un maſſacre général. Puiſſe la Juſtice vengereſſe être ſuffiſamment appaiſée par le ſang qui a déjà coulé dans cette malheureuſe affaire ! puiſſe-t-elle ne plus exiger de nouvelles victimes ! quel déſaſtre, quel lugubre ſpectacle, quel nouveau ſujet de larmes, s'il faut que l'ignominie des ſupplices expie encore ces attentats !

J'oſe eſpérer, mes Freres, que nos yeux ne ſeront point témoins de ces malheurs. Nous vivons ſous le gouvernement d'un Prince doux & bienfaiſant. Le Dieu de miſéricorde qui tient dans ſa main le cœur de ce bon Roi, le tournera vers la compaſſion & la clémence. Il excuſera des crimes qui ont leur origine, non dans l'eſprit de ſédition & de révolte, mais dans une erreur malheureuſe, & dans un ſentiment hélas, trop naturel. Qui connoît mieux que ce bon Prince les mouvements que peut exciter dans le cœur d'un pere l'amour de ſes enfants ? Il pardonnera donc à des peres infortunés qui ont eu pour les leurs des craintes exceſſives, que ces craintes ont aveuglés, qui ſont devenus furieux par tendreſſe, & cruels par humanité. Hélas ! au lieu de ſe laiſſer aller à tant de violences, que ne portoient-ils au pied du Trône de ce Roi Bien-aimé leurs gémiſſements & leurs alarmes; que ne recouroient-ils à ſon équité contre ceux qu'ils accuſoient ſi injuſtement de tant de cruauté ? Mais la vivacité des craintes, l'impétuoſité des mouvements, la fatalité de l'illuſion ne leur ont pas permis de faire ces réflexions. On a négligé la uſtice du Prince, mais on recourra avec ſuccès à ſa clémence. Il pardonnera : oui, nous en avons pour garant la bonté de ſon cœur ; & les juſtes égards qu'il a pour des Sujets & des ſerviteurs fideles qui lui demandent la grace des coupables.

Car je ne dois pas, mes Freres, vous laiſſer ignorer ce qui, dans ces triſtes circonſtances, peut diminuer vos alarmes. Les Magiſtrats de cette Ville, quelqu'offenſés qu'ils aient été dans ces troubles, ſollicitent puiſſamment la clémence du Souverain. Un Pontife qui eſt notre pere commun, dont la main libérale s'eſt ouverte tant de fois pour le ſoulagement des malheureux, donne dans cette occaſion l'eſſor à ſa charité paſtorale : il demande avec inſtances la grace de ces infortunés, qui, quelque coupables qu'ils ſoient, lui ſont toujours infiniment chers, parce qu'ils appartiennent au troupeau que Jeſus-Chriſt lui a confié. Il emploie en leur faveur tout le crédit que lui donnent ſon nom, son rang, ses vertus. Il sera écouté sans doute: & s'il m'étoit permis d'appliquer à cet illustre Archevêque, ce qui est dit dans l'Ecriture, du Pontife éternel & du souverain médiateur de Dieu & des hommes, je dirois qu'il le sera & à cause de ses sollicitations également fortes & respectueuses, & à cause de la vénération qui lui est due à lui-même : *Exaudietur pro sua reverentia*.

Mais soit que nous réussissions à fléchir la justice d'un Souverain justement courroucé, soit qu'il croie devoir intimider les méchants par un exemple de sévérité, l'essentiel, mes Freres, est d'appaiser la colere de Dieu même que ces crimes ont irrité contre nous. C'est peu d'échapper à la vengeance de ceux qui ne peuvent tuer que le corps; il est bien plus nécessaire d'appaiser celui qui peut précipiter & les corps & les ames dans des flammes éternelles. Dieu est le premier auteur des Loix, & il en est aussi le vengeur suprême.

Ainsi il ne suffit pas de considérer l'événement que nous déplorons, dans le rapport qu'il a avec l'ordre civil ; il faut aussi le considérer dans l'ordre de la Religion : & dans ce point de vue, il ne peut nous paroître qu'un crime qui est la suite & la punition de beaucoup d'autres crimes. Car, puisque rien n'arrive dans le monde, sans en excepter même le péché, que par la permission de Dieu, pourquoi croyez-vous, mes Freres, qu'il ait permis ce désordre qui soumet aux rigueurs de la Justice un si grand nombre de coupables ? C'est pour punir cet esprit d'irréligion qu'on remarque aujourd'hui dans la plus grande partie du peuple, ce mépris public des loix de Dieu & de l'Eglise, cette licence effrénée, ce libertinage affreux qui y regne. Pourquoi un tel malheur est-il arrivé le jour même du Dimanche ? C'est que ce jour particuliérement consacré au culte du Seigneur, ce jour du Seigneur par excellence, eſt depuis long-temps profané par l'ivrognerie & la diſſolution ; c'eſt qu'au lieu de fréquenter en ce jour nos ſaints Temples, d'aſſiſter aux divins Offices, d'entendre les inſtructions des Paſteurs, on ſe rend en foule dans des lieux de débauche, où toutes les paſſions fermentent, où les têtes s'échauffent, où le plus mutin & le plus ſéditieux eſt ordinairement le plus accrédité. C'eſt-là qu'on murmure, qu'on calomnie, qu'on blaſphême ; & c'eſt-là ſans doute qu'a été priſe la funeſte réſolution qui nous cauſe aujourd'hui tant de douleur.

Que ce triſte événement vous faſſe donc comprendre, mes Freres, de quels excès l'on eſt capable, lorſqu'on abandonne le Seigneur & qu'on en eſt abandonné. Voilà des Citoyens qui peut-être paſſoient pour des hommes doux & modérés, & qui ſont devenus en un inſtant des furieux, des incendiaires, l'opprobre de leur patrie, la honte de leurs familles.

Fuyez donc toute espece de désordre ; fuyez les assemblées tumultueuses où l'esprit de Dieu ne préside point, où la piété & la religion ne peuvent faire entendre leur voix. Quel que soit votre état & votre condition, vivez de maniere qu'on reconnoisse dans toute votre conduite le caractere & l'impression de la piété.

Le Seigneur vous a-t-il donné quelque part dans les biens de ce monde? Faites en l'usage que ses loix vous prescrivent ; employez les à procurer à vos enfants une éducation honnête & chrétienne ; versez en le superflu dans le sein des pauvres ; & que rien ne vous fasse jamais oublier les regles de la modestie & de la tempérance chrétienne. Etes-vous vous-mêmes réduits à un état de pauvreté & d'indigence ? Soumettez vous sans murmurer à l'ordre de la providence ; mettez votre confiance dans la bonté de celui qui nourrit les oiseaux du Ciel, & qui donne aux lys des champs le tissu magnifique qui les couvre. S'il prodigue tant de bienfaits à des créatures inanimées, laissera-t-il manquer des choses nécessaires ses enfants & ses fideles serviteurs ? Cherchez donc, avant toutes choses, le Royaume de Dieu & sa justice, & soyez assurés que tout le reste vous sera donné comme par surcroît.

Sur-tout, mes Freres, évitez de regretter ces biens frivoles que la providence ne vous a pas accordés, & de jeter un œil de jalousie sur ceux qui en jouissent. C'est un défaut malheureusement trop commun parmi les pauvres de regarder les riches comme leurs ennemis, & d'entretenir contr'eux dans le fond de leurs cœurs des sentiments d'envie qui dégénerent quelquefois en haine & en animosité. Ces sentiments, mes Freres, sont souverainement injustes. Si votre frere jouit des richesses de ce monde, c'est Dieu qui les lui a données ; c'est lui qui lui en demandera compte, qui en récompenſera le bon uſage, & en punira l'abus. S'il eſt des riches que l'abondance rende fiers, hautains, diſtraits ſur les beſoins des pauvres, il en eſt d'autres auſſi qui ſe ſouviennent de l'obligation où ils ſont de ſoulager leurs freres malheureux, & qui écoutent ſur ce point important la voix touchante de la nature & de la religion. C'eſt un faux préjugé, c'eſt une erreur dangereuſe qui vous fait croire que vous ſoyez ſi vils & ſi mépriſables à leurs yeux; qu'ils vous regardent, pour ainſi dire, comme des hommes d'une nature différente & inférieure à la leur; & qu'ils ſoient diſpoſés à ſacrifier votre vie & celle de vos enfants à leurs plaiſirs ou à leur conſervation. Non, mes Freres, il n'y a point parmi nous de monſtres de cette eſpece. La raiſon & la religion proſcrivent également ces ſentiments. La premiere ſuffiroit ſeule pour nous convaincre de l'égalité parfaite que la nature a voulu mettre entre tous les hommes ; & les Philoſophes les plus profanes n'oſeroient nier cette vérité : ils lui rendent au contraire un hommage éclatant ; & le patriotiſme, l'humanité, l'amour des hommes ſont preſque les ſeules vertus dont ils ſe glorifient. Mais combien les idées de la religion ſur ce ſujet, ne ſont-elles pas encore plus épurées ! Elle nous apprend, mes Freres, à regarder tous les hommes comme les enfants de Dieu, les freres de Jeſus-Chriſt, les héritiers de ſon Royaume. Elle nous apprend que les pauvres, quand ils ſont véritablement Chrétiens, ont d'autant plus de droit ſur ce Royaume céleſte, qu'ils ont moins à craindre d'avoir reçu en ce monde leur récompenſe. A Dieu ne plaiſe que des Chrétiens mépriſent jamais aucun de ceux pour leſquels un Dieu a daigné mourir, & ceux ſur-tout dans l'état deſquels ce Dieu fait homme a voulu naître.

Que ce Dieu Sauveur vous comble, mes Freres, de ſes bénédictions & de ſes graces ; qu'il vous faſſe jouir de cette paix qu'il eſt venu donner ſur la terre aux hommes de bonne volonté ; & que cette paix ſi douce & ſi deſirable, ſoit pour vous le gage de celle dont nous jouirons dans le Ciel, notre véritable Patrie, & que je vous ſouhaite au nom du Pere, du Fils & du Saint-Eſprit. Ainſi ſoit-il.

FIN.

Vu l'approbation, permis d'imprimer & diſtribuer. A LYON, le 6 Décembre 1768.

Signé, POSUEL DE VERNEAUX.

www.ingramcontent.com/pod-product-compliance
Lightning Source LLC
LaVergne TN
LVHW052017160826
845678LV00003B/1085